UNE CAISSE COMMUNE
POUR UNE ALLOCATION UNIVERSELLE

Logiques sociales

Collection dirigée par Bruno Péquignot

En réunissant des chercheurs, des praticiens et des essayistes, même si la dominante reste universitaire, la collection « Logiques Sociales » entend favoriser les liens entre la recherche non finalisée et l'action sociale.

En laissant toute liberté théorique aux auteurs, elle cherche à promouvoir les recherches qui partent d'un terrain, d'une enquête ou d'une expérience qui augmentent la connaissance empirique des phénomènes sociaux ou qui proposent une innovation méthodologique ou théorique, voire une réévaluation de méthodes ou de systèmes conceptuels classiques.

Dernières parutions

Claude GIRAUD, *De la violence, sociologie des liens négatifs*, 2022.

Evelyne Elsa CHENAUD, *Les représentations en médiation interculturelle. Cas des travailleurs sociaux français et québécois*, 2022.

Georges JOURDAM, *Travail, pouvoir et emploi dans la société d'Ancien Régime. Résonnance avec la période actuelle*, 2022.

Noël JOUENNE, *La simplicité apparente du vélo face aux enjeux de société. Exploration d'un objet technique et social*, 2022.

Catherine DELCROIX, Bénédicte GOUSSAUT (dir.), *L'éducation, ça se partage !*, 2022.

Nicole ROELENS, *Manifeste pour la décolonisation de l'humanité femelle, La démarche autogérée de décolonisation (Tome 6)*, 2022.

Marie MARSAL, *Le management dans le secteur associatif, Les effets des nouvelles pratiques sur les systèmes de valeurs des bénévoles*, 2022.

David SIERRA G., *Le passage de la nature à la culture. Essai exploratoire de la théorie historico-génétique de la culture*, 2022.

Denis LAFORGUE, *L'avenir des institutions publiques. Plaidoyer pour une conversation sociologique*, 2022.

Jean-Noël Marzo

Une caisse commune pour une allocation universelle

Pour une révolution dans les prélèvements sociaux et fiscaux

L'Harmattan

5-7, rue de l'École-Polytechnique, 75005 Paris

http://www.editions-harmattan.fr

ISBN : 978-2-14-031244-1
EAN : 9782140312441

Remerciements

À Alain Caillé pour son aimable autorisation à insérer l'un de ses écrits.

À mes relecteurs et relectrices.

Avant-propos

Cet ouvrage n'a pas pour objet de présenter le concept de Revenu universel (autrement nommé Allocation universelle) déjà bien documenté, mais de montrer en quoi sa concrétisation est possible dans une société développée comme la nôtre. Ainsi la question centrale de son financement est-elle abordée ici.

Parmi les rares propositions de financement déjà envisagées par des spécialistes, aucune ne s'appuie sur la participation de l'ensemble de la population. C'est pourquoi seront successivement développés dans un premier volet les deux piliers sur lesquels repose le financement de cette Allocation universelle, à savoir la contribution sur l'actif net et la contribution sur la valeur ajoutée.

Dans le second volet de cette réflexion, l'auteur liste les principales réserves généralement émises à l'égard de cette Allocation universelle et tente d'y apporter des éléments de réponse accessibles à tous.

Une vision maussienne : l'inconditionnalité conditionnelle

La grande leçon politique qu'il est possible de retirer de l'***Essai sur le don*** (1925) de Marcel Mauss est qu'une société, ou, si l'on préfère, une communauté politique, ne peut se fonder que sur un don originel. Celui-ci manifeste un pari de confiance, l'espoir que l'autre – qui est encore un concurrent ou un ennemi potentiel – saura rendre à son tour et basculer ainsi de l'hostilité à l'amitié. Ces dons offerts à l'ennemi, biens précieux ou symboliques, témoignent d'une inconditionnalité primordiale. Ils laissent la liberté à l'autre de les accepter ou de les refuser, de les rendre ou de les garder, de donner à son tour ou de se retirer, voire de basculer dans la guerre.

En affichant une dimension d'inconditionnalité, le don espère faire basculer l'autre – l'inconnu, l'étranger, l'ennemi – du cycle du « Prendre-Refuser-Garder » à celui du « Donner-Recevoir-Rendre ». L'espoir, c'est de le transformer en ami. Avec ceux qui l'auront accepté, on fera alliance et société. Les autres seront des ennemis ou, au mieux, des neutres incertains...

Instaurant ainsi la frontière entre *Eux* et *Nous*, le don apparaît comme l'acte politique par excellence.

Cela va plus loin : les membres du *Nous* ne restent ensemble, ne continuent à former un *Nous*, que pour autant qu'entre eux le cycle du « Donner-Recevoir-Rendre » reste vivace et actif. Une communauté politique, une *politeia*, est une communauté de dons, où chacun donne et reçoit quelque chose. Exemple emblématique : on est prêt à donner sa vie pour la Patrie, et celle-ci, par diverses institutions, donne l'instruction, l'eau, l'électricité, les soins médicaux, etc.

La décision d'être et de rester ensemble procède d'un arbitraire et d'une inconditionnalité premiers. On est là, de cette société et de cette culture-là, on partage cette amitié, ce couple, cette famille, etc. Mais on pourrait aussi décider de ne pas en faire partie. Ce choix arbitraire est assumé : on est ensemble inconditionnellement, on ne tient pas de compte méticuleux. Si chacun, jour après jour, se demandait en permanence ce qu'il gagne ou perd à être membre de cette famille, de ce village, de cette région, de ce pays, de cette religion, etc., alors aucun groupe humain ne serait possible. Il ne pourrait ni se former ni perdurer.

Cette dimension d'inconditionnalité primordiale est indispensable afin que la communauté subsiste.

Pour autant, si certains se retrouvent systématiquement perdants au jeu du « Donner-Recevoir-Rendre », alors ils feront sécession, tôt ou tard, et basculeront dans le cycle du « Prendre-Refuser-Garder ». C'est là une réalité subtile : au fond, nul n'est absolument obligé de respecter les règles inconditionnelles qui fondent la communauté. Chacun y demeure à condition qu'elles ne lui paraissent pas insupportables. Alors, c'est le divorce, la fugue, l'émigration, la guerre...

Le registre du don et du politique, pas toujours facile à comprendre, est donc celui de *l'inconditionnalité conditionnelle*. Il affiche le primat hiérarchique de l'inconditionnalité, mais qui ne peut perdurer que pour autant qu'elle satisfait à long terme les intérêts des protagonistes du don.

C'est dans ces termes qu'il faut poser la question du revenu universel. Ce dernier ne peut fonctionner que dans le registre de l'inconditionnalité conditionnelle. Autrement dit, il ne peut être octroyé que comme un don, qui par nature n'a pas de contrepartie. Ceci invalide les formules de minima sociaux conditionnels, du RMI au RSA, qui enferment les plus pauvres dans la stigmatisation et le mépris social.

De ce point de vue, il est légitime que le don d'un revenu universel soit perçu comme un droit, ainsi que l'éducation, les soins de santé ou les assurances sociales.

Mais pour autant, dire que ce don n'exige pas de contrepartie ne signifie pas qu'il n'en attend pas !

En recevant le don, chacun ressent spontanément qu'il est appelé à rendre quelque chose. Il ne s'agit pas d'une contrepartie prédéfinie, mais d'une attente de l'ensemble de la communauté à l'égard d'un acteur qui se trouve en position de sujet, capable de donner à son tour, reconnu à ce titre.

C'est pourquoi le don n'aurait aucun sens s'il créait un ressenti d'incapacité ou d'infériorité sociale. Il serait alors destructeur, annihilant celui qui reçoit. Si le bénéficiaire ne ressent aucune dimension d'obligation de contre-don d'aucune sorte, alors la magie du don et du politique n'opère plus et tout se stérilise.

Le revenu inconditionnel, constitutif de toute société convivialiste

La dynamique du don comme base de toute communauté politique étant ainsi clarifiée, il est possible d'élargir la vision pour décrire un peu mieux les attributs d'une société répondant aux grands enjeux contemporains. C'est le travail qu'a réalisé un collectif d'experts de diverses sciences sociales qui nomme « convivialisme » ce système politique complet, articulé autour de cinq principes :

- un principe de commune humanité ;
- un principe de commune socialité ;
- un principe de légitime individuation ;
- un principe d'opposition créatrice (« s'opposer sans se massacrer ») ;
- un principe de commune naturalité.

Le convivialisme[1] accorde une légitimité égale à ces cinq principes. À y regarder de près, il apparaît que chacun des quatre premiers principes est à la racine d'un des quatre grands discours politiques de la modernité, respectivement le communisme, le socialisme, l'anarchisme et le libéralisme.

À partir des quatre premiers principes, on peut déduire qu'il est légitime et nécessaire de verser un revenu universel inconditionnel.

Parce que tous les êtres humains sont foncièrement égaux, qu'ils participent d'une même socialité et qu'ils aspirent légitimement à voir leur singularité reconnue et valorisée, chaque communauté politique est portée à assurer à chacun les conditions minimales d'une vie digne et autonome. Un revenu inconditionnel vaut alors – c'est sa dimension émancipatoire – en tant que condition minimale, *sine qua non*, de la reconnaissance de la valeur de tous, à la fois à l'échelle cosmopolite, en tant que membre de la commune humanité, de l'être humain générique (*Gattungswesen*), mais aussi en tant que membre d'une socialité particulière.

[1] Internationale convivialiste, Second manifeste convivialiste, *Pour un monde post-néolibéral*, Acte Sud, 2021.

Le revenu universel inconditionnel ne peut être versé que dans le cadre d'une communauté politique, d'une *politie*, en vue de son maintien et de sa prospérité. Ainsi entendu, le Revenu universel est nécessairement un **revenu de citoyenneté**.

Alain Caillé est professeur émérite de sociologie, fondateur de la *Revue du Mauss* et du mouvement convivialiste.

Introduction de la première partie

Éthique et politique **: du réel concret : le bien commun de l'allocation universelle**

Partant du postulat que donner à chaque humain les moyens minimums pour vivre dans nos sociétés doit être un impératif moral, parce que « tous les êtres humains sont foncièrement égaux, qu'ils participent d'une même socialité et qu'ils aspirent légitimement à voir leur singularité reconnue et valorisée, chaque communauté politique est portée à assurer à chacun les conditions d'une vie digne et autonome » (Alain Caillé, *Second Manifeste convivialiste. Pour un monde post-néolibéral*, Actes Sud, 2021), l'allocation universelle peut être un outil pour tendre vers cet objectif. En faire concrètement un bien commun nécessite la création d'une caisse commune pour son financement, permet de faire entrer cette proposition dans le monde réel.

Du réel

Le Mouvement français du revenu de base[2] définit comme suit l'allocation universelle, grâce à une formulation simple et claire, afin d'éviter toute ambiguïté concernant

[2] *Mouvement français pour un revenu de base. Un outil pour construire le XXIe siècle Économie*, Éditions Yves Michel, 2016.
Olivier Le Naire, Clémentine Lebon, *Le Revenu de base Une idée qui pourrait changer nos vies*, coll. « Domaine du possible », Actes Sud, 2017.

cette notion si souvent citée et détournée de son sens premier :

« Le revenu de base est un droit inaliénable, inconditionnel, cumulable avec d'autres revenus, distribué par une communauté politique à tous ses membres, de la naissance à la mort, sur une base individuelle, sans contrôle des ressources ni exigence de contrepartie, dont le montant et le financement sont ajustés démocratiquement. »

La définition ci-dessus reprend ce qu'affirme déjà l'Article 25 de la Déclaration universelle des droits de l'Homme de 1948 :

« Toute personne a droit à un niveau de vie suffisant pour assurer sa santé, son bien-être et ceux de sa famille, notamment pour l'alimentation, le logement, les soins médicaux ainsi que pour les services sociaux nécessaires [...]. »

C'est enfin affirmer la volonté de défendre avec **du concret** la devise de la République :

LIBERTÉ, ÉGALITÉ, FRATERNITÉ.

Pourquoi, alors que nos civilisations ont été créatrices d'abondance matérielle, y a-t-il toujours autant de pauvreté dans nos sociétés développées, comme aussi ailleurs dans le monde ?

Afin de faire entrer dans la réalité d'aujourd'hui l'évidence d'un revenu minimum pour tous, nous devons d'abord essayer de comprendre les obstacles[4] qui maintiennent notre société dans une telle situation inégalitaire, et d'apporter des réponses claires aux objections

---

[4] Certains sont évidents : la perte d'immenses privilèges financiers pour une infime minorité de la population.

légitimes (qui paraissent souvent de bon sens tant nous sommes inscrits dans une culture[5] qui privilégie la résignation).

L'Histoire nous enseigne que l'humanité a progressé au cours des derniers siècles. La doxa d'hier a disparu avec l'avancée des connaissances, de la culture, la diffusion des idées de liberté et de justice qui se sont répandues dans le monde entier.

Le droit à l'éducation, obtenu au cours du XIXe siècle, est aujourd'hui reconnu dans la majorité des pays. Le droit à la santé s'est quant à lui peu à peu généralisé tout au long du XXe siècle, quoique à des niveaux de qualité encore très hétérogènes. Dans le prolongement de ces progrès péniblement accomplis, il convient aujourd'hui de promouvoir le droit à une vie digne pour tout être humain en donnant à chacun l'accès à un revenu minimum inaliénable, indépendamment de toute autre rentrée d'argent.

Faire accéder chacun à ce droit, c'est créer un bien **commun**, autrement dit donner un accès inconditionnel à l'essentiel : éducation, culture, santé mais aussi un toit et de quoi se nourrir, s'habiller. Pour permettre d'assurer la pérennité de ces droits inaliénables et en garantir les ressources nécessaires, il faut instituer une nouvelle caisse sur le modèle de celles déjà existantes : la **caisse commune de l'allocation universelle**.

Certes la protection sociale qui constitue une forme de sécurité pour la vie s'inscrit dans l'histoire de chaque pays, et varie aussi dans ses formes selon les régions en fonction des traditions et des acquis issus des combats des peuples pour plus de justice.

---

[5] Tu gagneras ton pain à la sueur de ton visage. *Genèse*, Chapitre III verset 19.

En France, l'existence de caisses de sécurité sociale pour financer la santé, les allocations familiales, une partie des retraites, etc., donne un socle solide déjà existant permettant facilement de constituer, grâce à de nouveaux financements, une nouvelle branche de cette vieille institution, la caisse commune de l'allocation universelle.

Revenir aux sources de la sécurité sociale, c'est ainsi tout simplement retrouver les moyens d'une gouvernance démocratique d'une caisse de protection sociale, actualisée, indépendante du budget de la nation. Ambroise Croizat, dès 1946, proposait à l'Assemblée nationale que le financement de celle-ci soit indépendant du budget de l'État : « Faire appel au budget des contribuables pour la financer [la sécurité sociale] serait subordonner l'efficacité de la politique sociale à des considérations purement financières. Ce que nous refusons. »

Dès cette époque, l'idée d'une généralisation de l'accès à la sécurité sociale pour toutes les couches de la société et pas seulement aux salariés a été débattue en France. L'importance du secteur du petit commerce et de la paysannerie notamment, la reconstruction des infrastructures du pays et les débuts de la guerre froide mirent fin aux débats en cours à l'époque ainsi qu'aux développements et à une application plus complète et globale du programme du Conseil national de la résistance dans le courant de l'année 1947.

Aujourd'hui, dans la zone euro, ce minimum individuel pour vivre devrait, selon les différents promoteurs d'un revenu de base inconditionnel, se situer dans une fourchette de 500 et 1200 euros mensuels, variable en fonction de la situation économique de chaque pays (ou région) et du rapport de forces entre couches sociales et volontés politiques des peuples.

La question du financement de cette allocation a fait l'objet de multiples propositions, des plus libérales et largement compatibles avec le système économique actuellement dominant à celles plus transformatrices proposant une véritable mutation de nos sociétés.

Les propositions de financement de cette nouvelle branche de la sécurité sociale en France, ou de celles des systèmes de protections sociales dans d'autres pays, ne doivent en aucun cas être inférieures au montant des « aides non contributives » versées à la population, et ce, quelle que soit leur nature (RSA, les allocations familiales, APL, AHH par exemple). Par ailleurs, il n'est pas recevable ici de financer le revenu universel par des contributions sur les revenus du travail en ceci qu'elles pénaliseraient les couches intermédiaires de la population.

Dès lors, les seules ressources disponibles afin d'abonder une caisse autonome de l'allocation universelle, sans alourdir les prélèvements sur les revenus, encore et toujours très largement issus de la rémunération du travail, ne peuvent que provenir d'une cotisation progressive sur le capital, l'actif net personnel, et d'un prélèvement sur la consommation individuelle.

PARTIE I :

L'Allocation universelle
Un bien commun révolutionnaire pour plus de liberté

En cette période de chômage de masse, de travail précaire et de régression sociale avérée, cette idée pourtant ancienne d'un revenu universel suscite de nombreux débats sur son principe comme sur son financement, ce qui nourrit la réflexion de spécialistes et donne lieu à de nombreux ouvrages.

Parmi ceux[6-7] parus ces dernières années, il est démontré tout ce qu'apporterait un revenu de base à notre société dans son ensemble et à chacun d'entre nous.

Si les avantages universels de son principe sont admis de tous, les modes de financement donnent lieu à diverses propositions. Pour la plupart des auteurs, l'impôt sur le revenu en serait la source principale. Or, ceci a pour conséquence évidente et immédiate de rendre lisible sur la

---

Le revenu de base, l'allocation universelle, le socle citoyen ont été définis par consensus par les membres du MFRB et du BIEN (basic income european network) pour éviter toute ambiguïté sur cette notion.

[6]Benoit Hamon, *Ce qu'il faut de courage Plaidoyer pour le revenu universel*, Éditions Équateurs, 2021.

[7]Marc de Basquiat, *L'Ingénieur du revenu universel Voyage d'une idée pour notre temps*, Éditions de l'Observatoire, 2022.

feuille de paye des salariés qui en sont les gagnants et qui les perdants. Cela risque d'engendrer une division de la société entre contributeurs nets et récipiendaires nets avec les divisions au sein d'une classe moyenne très attachée à la protection de ses revenus et donc aux risques politiques que cela pourrait entraîner dans notre société aujourd'hui si peu conviviale. Je trime et paie pour les autres, pour ceux qui travaillent moins, pour le surfeur de Malibu... comme le philosophe John Rawls le faisait remarquer à Philippe Van Parijs lors d'un petit déjeuner à Paris.

Il existe par contre une opinion publique largement majoritaire pour déplorer que les écarts de fortune entre les quelques centaines de familles les plus fortunées et le reste de la population, et notamment les classes moyennes, aient atteint en ce début de siècle des niveaux proches de ceux observés dans les années qui ont précédé la Première Guerre mondiale, mettant ainsi en péril le consensus républicain.

L'objet de ce précis est de proposer une nouvelle approche du financement de l'allocation universelle la plus consensuelle possible.

1 -

L'actualité de l'allocation universelle.
Les principales propositions réalistes de financement d'une allocation universelle

De nombreux partisans d'un revenu de base en France seraient adeptes d'un impôt négatif[8] sur le revenu, assurant ainsi un « socle anti-pauvreté » à tous ceux qui passent à travers les mailles du filet de la protection sociale comme le RSA, les aides au logement et les nombreuses primes (pour l'emploi, de rentrée scolaire, de fin d'année...) qu'il remplacerait.

Il s'agirait alors de demander aux classes moyennes, salariées ou non, d'aider les « pauvres ». Dans la situation actuelle en 2023, cette simplification pourrait s'avérer très utile, et possible grâce au prélèvement à la source de l'impôt sur le revenu qu'il ne faudrait tout simplement qu'individualiser. Cela permettrait de répondre immédiatement à l'urgence sociale. Cette idée développée avec précision et expertise notamment par Marc de Basquiat au sein de « l'Association pour l'instauration d'un revenu d'existence » (AIRE) et du philosophe Gaspard Kœnig, fut reprise en partie par des personnalités politiques humanistes et très attachées à la défense et au maintien d'une économie libérale. Cette proposition, récemment popularisée sous le sigle 2RU, revenu universel, redevance universelle, pour une allocation sans condition de 500 euros par mois associée une taxe de 30 % sur tous les revenus

[8] Au début de chaque mois, le fisc verse un crédit d'impôt de 500 euros, permettant de simplifier et remplacer une série de programmes sociaux, accompagné d'un taux d'imposition unique autour de 30 %.

personnels dès les premiers euros au-delà de ce revenu de base éventuellement associé à une taxe de 1 pour mille par mois sur le capital de « jouissance ». Cette proposition, facile à mettre en œuvre à très court terme, constituerait une simplification utile et une avancée majeure pour notre système de prélèvements sociaux-fiscaux.

Il est évident que ces propositions rendant compréhensibles par tous notre système d'assurances sociales et permettant de protéger les nombreuses personnes ignorantes de leurs droits aux aides conditionnelles ou refusant « l'épreuve du guichet » ne changeront pas la donne du point de vue des inégalités au sein de la population. Ce n'est d'ailleurs pas l'objectif prioritairement recherché.

D'autres propositions de financement ont été suggérées, par les abondancistes[9] autour de Jacques Duboin dans l'entre-deux-guerres et jusqu'à aujourd'hui, avec une vigueur nouvelle par des auteurs comme André Gorz dans ses derniers écrits[10], les sociologues et économistes Philippe Van Parijs, Baptiste Mylondo, et plusieurs militants au sein du Mouvement français pour un revenu de base (MFRB)... Ces diverses approches pour le financement de ce revenu de base différent les unes des autres ne sont pas toujours très précises et quelquefois construites dans la perspective d'une décroissance économique douce et conviviale.

Enfin, Guy Valette, l'un des fondateurs du MFRB dans son ouvrage documenté[11] et réaliste propose un

---

[9] Jacques Duboin, *Ce qu'on appelle la crise*, Les Éditions Nouvelles, 1933.

[10] *Pour un revenu inconditionnel suffisant*, Colloque sur la pensée d'André Gorz, Montreuil, nov. 2012.

[11] Guy Valette, *L'Allocation universelle d'existence La protection sociale du XXIe siècle*, Les Éditions UTOPIA, 2021.

financement précis par l'impôt sur le revenu au taux moyen de 25 %, un impôt sur le patrimoine net d'emprunt au taux de 2 % et une cotisation de 10 % sur l'excédent brut d'exploitation des entreprises (une proposition claire et proche de la taxe « robot » évoquée mais sans être détaillée par Benoit Hamon[12] lors de la campagne pour élections présidentielles en France de 2017).

Cette rapide et incomplète revue des propositions montre la diversité des possibilités de financement réalistes d'une allocation universelle, simplificatrice et modérée pour l'une, transformatrices pour les autres, mais toutes s'appuyant essentiellement sur les classes moyennes et/ou moyennes supérieures de la société.

C'est pour répondre aux réticences de celles-ci, notamment des principaux syndicats de salariés, et de tous ceux qui doutent de l'intérêt d'une telle avancée pour l'immense majorité de la population qu'il est nécessaire de proposer un mode de financement de cette Allocation universelle qui ne laisse pas de place à l'ambiguïté et à l'intérêt matériel indiscutable qu'elle apportera à tous.

La proposition formulée dans ce précis est d'abonder une caisse commune et autonome pour cette future allocation, totalement indépendante des revenus du travail et par conséquent aussi indépendante des entreprises. Ce financement ne doit pas s'appuyer sur un impôt sur les revenus (dont l'assiette pour son calcul s'appuie principalement sur les revenus des salariés ou/et des autres formes de rétributions de l'activité de chacun, honoraires, droits d'auteur, commissions...) ni sur les taxes sur les sociétés avec les conséquences prévisibles sur leurs salaires.

---

[12] Benoît Hamon, *Ce qu'il faut de courage Plaidoyer pour le revenu universel*, Éditions Équateurs, 2020.

Il faut donc être sans équivoque quant à tout ce qui donnerait des arguments à ceux qui, de bonne foi, pensent encore que cette avancée cacherait un potentiel de régression des droits des salariés : il s'agit du contraire. C'est pourquoi le mode de financement de cette allocation doit être clairement exposé.

2 -

Éthique et politique, une nouvelle approche : une révolution dans les prélèvements sociaux-fiscaux

La France fait partie des pays d'Europe dans lesquels les prélèvements obligatoires sont les plus élevés, mais c'est aussi le pays de la zone euro dans lequel on compte le plus grand nombre de milliardaires. Alors que dans le discours politique dominant la lutte contre les inégalités et pour plus de justice sociale continue à être invoquée, avec des termes forts comme celui de « fracture sociale », sans cesse mis en avant lors de chaque élection nationale, la réalité des politiques fiscales menées depuis près de 40 ans va toujours dans la direction opposée, montrant ainsi soit l'impuissance, soit l'hypocrisie de la classe politique « de gouvernement » dès lors qu'elle accède au pouvoir.

Il faut transformer l'impôt de solidarité sur la fortune immobilière, l'actuel ISFI en une véritable taxe progressive sur le patrimoine, une CONTRIBUTION SUR l'ACTIF NET (CAN).

La contribution sur le patrimoine : un transfert mesuré mais progressif des biens personnels privés vers un **Bien commun universel**.

A - L'impôt sur le capital (ou la contribution sur l'actif net) la CAN

Une taxe sur le capital individuel de chaque personne physique, après déduction de ses dettes, doit constituer une source de financement, indépendante du travail. La répartition du capital est dans tous les pays le facteur financier le plus discriminant au sein de la population.

Taxer le capital, c'est le moyen de rendre à tous une partie des richesses largement issues des connaissances et des acquis de la civilisation, généralement abusivement thésaurisées par quelques-uns. Cette approche est d'autant plus justifiée que le droit à la propriété privée s'appuie sur la garantie que celui-ci ne sera pas remis en cause grâce à la force essentiellement « morale » et la légitimité de l'État de droit. C'est la société tout entière qui par l'éducation civique qu'elle inculque, le réseau des notaires, des assurances, mais aussi par l'institution judiciaire dans chaque pays et finalement par la force publique que le droit de propriété est reconnu comme légitime et protégé de façon quasi consensuelle par une majorité de citoyens. C'est la société tout entière qui protège la propriété individuelle de chacun de ses membres.

Le capital doit participer pour cette raison essentielle à l'abondement de la caisse commune de l'allocation universelle.

C'était déjà l'idée du théologien, philosophe et homme politique Thomas More à l'origine des premiers écrits sur la nécessité d'un revenu universel. Les aristocrates, propriétaires des terres en Angleterre (l'essentiel de la richesse au tout début du capitalisme), obtinrent du Parlement le droit de les clôturer (les enclosures), faisant perdre ainsi aux agriculteurs leur droit coutumier (de vaine pâture et droits communaux). More propose que les propriétaires accordent en compensation une rente aux paysans ayant perdu le droit d'usage de la terre et des communs, don de Dieu, et leur seul moyen d'existence, les obligeant pour survivre à chercher dans les villes du travail pour eux et leurs enfants...

Ce combat au profit des masses n'ayant pour vivre que le seul revenu de leur travail fut perdu, mais l'idée générale est restée présente. Ce revenu donné à tous fut défendu lors des révolutions américaine et française par Thomas Paine en proposant que ceux qui possèdent les terres donnent à la communauté un loyer foncier. Aujourd'hui, dans une société démocratique, c'est cette idée qui doit être remise à l'ordre du jour, actualisée et soumise au suffrage du peuple.

Après la suppression de la taxe foncière, pour éviter une double taxation d'un même bien, je propose une contribution progressive annuelle sur le capital net (l'actif moins les dettes, la CAN), individuelle déclarée par chaque adulte (ou la moitié pour chacune des personnes d'un couple en communauté de biens), avec un système de tranches tel qu'il existe aujourd'hui sur le modèle de l'impôt sur le revenu des personnes physiques : une première tranche s'appliquant au-delà des premiers 100 000 euros[13], et jusqu'à 1 million d'euros au taux de 1 % ; une contribution sur la deuxième tranche allant de 1 à 10 millions d'euros un taux de 2 % ; un taux de 3 % pour la tranche de 10 à 100 millions d'euros ; 4 % de 100 millions jusqu'à un milliard d'euros et 1 % en plus pour chacune des tranches suivantes à chaque fois que le capital personnel est multiplié par 10, quelles que soient sa forme et sa localisation dans le monde. L'érosion espérée à moyen et long terme des fortunes constituant des empires financiers qui, au fil des générations, ont pu acquérir une influence politique considérable, possédant notamment une presse dévouée à leur service, serait un gage pour une

[13] Le choix de taxer les personnes dès le premier euro donnerait une légitimité supplémentaire à l'allocation universelle d'existence (tout le monde cotise, tout le monde reçoit) ; cependant les difficultés de mise en œuvre d'un recouvrement d'une taxe à 1 % sur un capital inférieur à 100 000 euros ne sont pas négligeables. De plus les sommes récoltées auprès de cette partie-là moins aisées de la population ne seraient pas très importantes.

démocratie plus saine. Cette contribution au bien commun est d'autant plus légitime que c'est la société dans son ensemble, comme évoqué plus haut, qui en garantissant le droit du propriétaire par l'éducation civique du citoyen, allant jusqu'à défendre un droit « sacré » à la propriété, l'engageant à respecter le bien d'autrui, par la persuasion mais aussi par la force publique lorsque ce droit est bafoué ou contesté.

Avec un capital privé cumulé, estimé en France entre 10 et 15 mille milliards d'euros, une imprécision qui résulte du fait qu'aucune déclaration fiscale de fortune n'est réclamée par l'administration[14] des finances publiques et actuellement réparti de façon extrêmement inégalitaire : les 10 % les plus riches possèdent plus de 50 % du capital, plus de 40 milliardaires résident en France en 2022 et leur nombre ne cesse d'augmenter. C'est une somme comprise entre 2 et 3 % de cette richesse qui pourrait abonder tous les ans la caisse commune de l'allocation universelle, soit plus de 250 milliards pour les 50 millions d'adultes que compte notre pays, soit au minimum 400 euros par mois pour chaque adulte qui serait ainsi disponible grâce à cette première branche de financement de l'allocation universelle. De la progressivité proposée pour cette contribution sur l'actif net, il résulte que plus grande est la dispersion du capital, plus son rendement est élevé. Il est évident que d'autres taux et d'autres seuils entre les tranches pourraient être choisis démocratiquement, notamment pour la première tranche mais aussi pour les suivantes. La lente baisse progressive attendue des avoirs des plus riches entraînant vers le bas le taux de rendement moyen de cette contribution, les seuils devront vraisemblablement être débattus et réajustés. Le seuil de cent mille euros proposé, limitant alors de façon

---

[14] Ce n'est qu'au moment des successions qu'il est possible pour l'administration de connaître la fortune d'une personne.

importante le nombre des assujettis, les moins riches, fait perdre à cette contribution son caractère universel... et peut-être aussi par là même une part de sa légitimité, au détriment de sa puissance et de son acceptabilité, mais cela est compensé par le fait que la contribution sur la consommation (voir infra, partie 2B) touche proportionnellement plus fortement les populations qui ne peuvent se constituer une épargne... Si les débats restent ouverts, cette idée fondamentale demeure :

Tout le monde contribue, tout le monde reçoit !

B – L**a contribution sur la valeur ajoutée.**
La TVA rendue à tous, la CVA !

C'est l'impôt auquel est assujettie la population la plus défavorisée, en France comme ailleurs dans les pays de l'OCDE, à l'exception des États-Unis. Calculée proportionnellement aux revenus de chacun, la taxe sur la valeur ajoutée au taux normal de 20 % en France constitue le prélèvement le plus élevé pour tous ceux qui dépensent pour vivre l'ensemble de leurs revenus. D'où la proposition de rendre à tous cette taxe, et donc de la qualifier de cotisation alors répartie équitablement tous les mois par le versement de l'allocation universelle.

Une taxe sur la consommation, une contribution sur la valeur ajoutée

C'est de la Taxe sur la valeur ajoutée, la TVA, dont il s'agit, à laquelle il serait possible d'ajouter une contribution à faible taux sur les transactions financières (dans le cadre d'un accord au niveau européen) puisqu'il s'agit là encore d'un acte d'achat et de vente.

L'idée d'une TVA sociale n'est pas nouvelle et a souvent été proposée (avec peut-être chez certains politiciens, l'arrière-pensée d'un meilleur contrôle par l'État de la protection sociale, puisque c'est l'administration fiscale qui gère aujourd'hui les impôts indirects). Ce n'est évidemment pas dans cette perspective que la proposition de contribution sur la valeur ajoutée doit être comprise. La gestion et le contrôle des taxes indirectes doivent donc exclusivement dépendre des services de la caisse commune et autonome du revenu universel dans le cadre de la création d'une nouvelle branche de la sécurité sociale.

Cette taxe sur la valeur ajoutée, créée en France en 1954 et qui s'est peu à peu généralisée à pratiquement tous les pays développés, peut aussi permettre de contribuer efficacement à la protection du climat, en faisant varier ses taux en fonction de l'impact carbone du produit vendu/acheté[15]. Bien que proportionnellement davantage payée par les personnes qui n'ont pas les moyens d'épargner, cette taxe aux taux moyens actuels variant de 18 à 24 % dans la zone euro rapporterait en France une somme comprise entre 150 et 200 milliards d'euros par an, disponible pour l'abondement de la caisse commune de l'allocation universelle. Répartie entre les 50 millions d'adultes de notre pays, elle permettrait à chacun de recevoir entre 250 et 350 euros mensuels grâce à cette deuxième branche de l'allocation universelle. Le choix de l'abondement de la caisse commune de l'allocation universelle par la TVA renommée **Contribution sur la valeur ajoutée** plutôt que par des taxes sur le chiffre d'affaires des entreprises, sur les bénéfices ou sur l'excédent brut d'exploitation des sociétés trouve sa justification par le fait que la TVA, payée par l'acheteur final, concerne toutes les marchandises et prestations, locales ou venant de l'autre bout du monde. Enfin c'est une taxe qui ne décourage pas la modernisation de l'industrie, n'interfère pas avec la rentabilité des entreprises, la robotisation libérant les

[15] Il est possible de lier les taux de CVA des objets en fonction de leur impact positif ou négatif sur l'environnement, favorisant tel ou tel type de consommation.

humains des tâches les plus fastidieuses. Il n'y aurait donc plus de distorsions de concurrence liées à la fiscalité entre industriels fournisseurs de biens.

Enfin, une contribution sur les transactions financières, dite Taxe Tobin (avec un taux faible de l'ordre de un pour mille), plus concevable et réalisable au niveau de la zone euro, ajouterait un bonus non négligeable à l'allocation universelle, rendant ainsi l'idée européenne plus populaire.

C - La contribution sociale généralisée pour la famille, la CSG

De la naissance à l'âge de la majorité

L'allocation universelle d'existence est pensée comme un revenu de la naissance à la mort. Notre proposition de financement par la Contribution sur l'actif net, la CAN, taxant le capital personnel, ainsi que la consommation, avec la Contribution sur la valeur ajoutée, la CVA, ne concerne que les personnes majeures qui sont toujours et nécessairement, au moins par leurs achats, à la fois contributrices et allocataires.

De la naissance à la majorité civile, et en repoussant jusqu'à 18 ans la fin de l'enseignement obligatoire, nous ne partons pas de rien.

Dans les sociétés développées, des prestations, le plus souvent conditionnelles, existent déjà. Financées par des cotisations spécifiques et par la Contribution sociale généralisée, la CSG en France, les parents reçoivent des aides qu'il suffirait d'homogénéiser, en transformant la branche famille de la sécurité sociale en une caisse autonome, adossée à la caisse commune de l'allocation universelle et abondée par la CSG. La proposition d'individualisation de l'impôt sur le revenu, et donc bien sûr la suppression du quotient familial (les demi-parts fiscales qui s'y rattachent), ainsi que les différents prélèvements spécifiques à vocation sociale constitueraient un grand choc de simplification administrative. Dans le même temps, la suppression des aides spécifiques comme les primes conditionnelles de rentrées scolaires, de Noël, les allocations diverses pour le logement, les transports, l'inflation et bien d'autres aussi nombreuses que complexes à distribuer permettra une meilleure lisibilité des droits de chacun. Encore et toujours dans un but de simplification, regrouper au sein de la CSG l'ensemble des prélèvements sociaux semble la meilleure solution pour que chacun, grâce à un seul prélèvement proportionnel aux revenus soit assuré sur les risques maladie, accidents du travail, famille avec le forfait unique éducation-loisir pour chaque enfant, dépendance, handicap, et cætera... Donner les mêmes droits à tous les mineurs, c'est donner aux familles dès le premier enfant une somme forfaitaire et égale pour tous, correspondant au coût réel moyen des dépenses nécessaires à l'existence de la naissance jusqu'aux 18 ans de la personne, avec un complément pour que le handicap soit pris en compte. À partir d'un âge à définir, 14... 16 ans, une partie de cette allocation pourrait être donnée directement au mineur sous forme de bourse, pour que chacun puisse continuer à se former, au moins jusqu'à sa majorité, en ayant un début d'autonomie financière. Dès l'entrée dans l'âge adulte, chacun devrait déclarer ses propres revenus et recevrait au début de chaque mois l'allocation universelle qui lui revient.

Le revenu universel, ce droit pour tous, s'ajouterait alors à toutes les bourses d'études spécifiques existantes ou à créer et ne serait en aucun cas le prétexte à une diminution des droits existants. C'est un revenu, comme défini par le MFRB, une somme à déclarer au fisc qui s'ajoute aux autres ressources, quelles que soient leurs origines.

3 -

Une caisse commune pour faire valoir un droit : le bien commun de l'allocation universelle

La Carte vitale devient le support matériel de ce droit.

À partir des données de 2020 concernant la France, grâce à un impôt progressif sur le capital, la **Contribution sur l'actif net** (la **CAN**), à laquelle s'ajouterait une TVA sociale, la **Contribution sur la valeur ajoutée** (la **CVA**) (éventuellement généralisables à toute la zone euro si l'allocation universelle s'étend en Europe) et, à laquelle s'ajouterait une éventuelle taxe européenne complémentaire sur les transactions financières, **l'Allocation universelle serait alors pour notre pays comprise entre 600 et 800 euros, versée tous les mois à chacun, sans condition, individuellement, de leur majorité civile jusqu'à la mort**[16]**.**

C'est ainsi que, sans toucher au statut des fonctionnaires, aux conventions collectives, aux différents régimes de retraite par répartition, aux indemnités chômage, si bien documentés par Alain Supiot dans sa leçon de clôture au Collège de France, et dans son ouvrage *Le travail n'est pas*

---

[16] Enfin, indépendamment de l'allocation universelle, c'est à la caisse de sécurité sociale avec la CSG d'assurer jusqu'à la fin de l'enseignement obligatoire, à 18 ans comme il serait souhaitable, grâce à un système d'allocations familiales dès le premier enfant et de bourses égales pour tous en complément d'une large extension du domaine de la gratuité, afin que l'ensemble du coût de la vie des mineurs soit assuré de façon juste, les préparant ainsi à une autonomie financière.

une marchandise[17], **l'Allocation universelle devient un pilier essentiel et complémentaire à la protection sociale de tout citoyen.**

Les deux sources – rapidement décrites – d'abondement de la **Caisse commune de l'allocation universelle** gérée par un conseil démocratiquement élu, comme l'étaient à l'origine les caisses de sécurité sociale, donneraient à tous et à chacun les moyens d'une vie qui ne devrait plus jamais devoir être soumise à l'obligation de recourir à un emploi que l'on juge indigne pour soi.

Combien de grèves, déclenchées pour la seule défense d'acquis de luttes du passé, se sont terminées sans résultat, parce que ces salariés, acculés financièrement, ont dû reprendre le travail ? Oui, le revenu universel est un atout dans les mains des salariés.

Les sommes issues du cumul de la Contribution sur l'actif net des personnes physiques, la **CAN** et de la Contribution sur la valeur ajoutée, la **CVA**, nécessitent, pour une gestion indépendante de l'État, la création d'un conseil élu (à la proportionnelle ?) de représentants de la société. L'avènement de la république « sociale » après la Deuxième Guerre mondiale avait déjà organisé un début de démocratie économique aux côtés d'une démocratie politique[18]. Cette démocratie sociale garante de l'accomplissement d'une démocratie réelle doit s'accomplir par le retour à l'autonomie de gestion de la caisse de l'allocation universelle comme des caisses de la sécurité sociale qui jouissaient à leur début d'une pleine autonomie à l'égard du budget de l'État. Cette autonomie est nécessaire afin de préserver la pérennité de ce qui doit rester un droit humain universel. Le budget social de

---

[17] Alain Supiot, *Le travail n'est pas une marchandise Contenu et sens du travail au XXIe siècle*, Ed. du Collège de France, 2019.

[18] Alain Supiot, « Le dépérissement de l'État social », in *Le Monde*, dimanche 30-lundi 31 janvier 2022.

la nation doit rester indépendant de la politique des États. La carte Vitale, déjà dans les portefeuilles de tous en France, autoriserait des achats chaque mois à hauteur du montant de l'allocation universelle.

4 -

Vers une séparation claire du financement des droits sociaux et du budget de la nation. **Un État qui perd la TVA dans son budget est-il sans ressources ?**

A - Le budget de l'état

Une clarification et une simplification par une séparation nette de ce qui relève du budget social de la nation et du budget nécessaire au fonctionnement général de l'État seraient une grande avancée démocratique. Une meilleure lisibilité des données sociales et fiscales à la disposition de chaque citoyen permettrait à chacun de mieux comprendre le fonctionnement de la société dans laquelle il vit, de se sentir partie prenante d'une collectivité.

La contribution sociale généralisée, la CSG d'aujourd'hui, créée en 1991, hybride entre impôt et cotisation, devrait pouvoir financer exclusivement et totalement la protection sociale de tous les habitants, remplaçant ainsi, avec un taux ajusté aux besoins, les cotisations particulières prélevées sur tous les revenus.

La CSG ainsi que la CRDS dont les assiettes s'appuient sur tous les revenus, du capital comme du travail, avec des taux fixes de prélèvement légèrement ajustés tous les ans en fonction des besoins de la population pourraient ainsi remplacer les différentes charges destinées au financement de la santé, de la famille (le coût lié aux besoins d'un mineur de la naissance jusqu'à ses 18 ans), la retraite de la sécurité sociale restant contributive et supprimant ainsi d'autres prélèvements spécifiques qui perdraient leur justification.

Le mode de financement de l'allocation universelle d'existence, par une contribution sur l'actif net, la CAN et par la contribution sur la valeur ajoutée, la CVA, cette TVA aujourd'hui principale ressource de l'État diminue les ressources de celui-ci .

Il faut donc assurer à l'État les moyens de son fonctionnement !

B - Le budget de l'état libéré des aides sociales

Les **économies** générées par la fin des aides aux « pauvres », ce « fric de dingue » pour les RSA, APL, primes de rentrée, prêts bonifiés, prime de Noël, chèque énergie... permettront au budget de l'État de se maintenir et même mieux, de progresser. Il ne sera plus nécessaire d'organiser des contrôles, intrusifs et humiliants sur les vies des ayants droit et des non-ayants droit effectués aujourd'hui pour allouer ces quelque 20 milliards d'euros d'aides conditionnelles. En outre, le coût de la délinquance (estimé à près de 100 milliards d'euros), largement causée par la misère, un sentiment de relégation sociale et une impression pas toujours fondée de « non-appartenance » à notre société, s'en trouverait diminué et constituerait ainsi une importante source d'économies pour les dépenses publiques.

La suppression des dérogations fiscales et des aides aux entreprises au prétexte de la lutte contre le chômage ne doit plus amputer le revenu de l'État : les allocations chômage, devant être totalement financées par des prélèvements sur les entreprises.

Enfin, il conviendrait de demander aux entreprises de contribuer au même niveau de charges que leurs homologues européennes, après la suppression des « dépenses fiscales » du type crédit impôt recherche, de l'ex-CICE et des multiples exonérations de charges qui continuent de creuser les déficits de l'État et des caisses de sécurité sociale.

Enfin les taxes sur les entreprises, dans un marché mondialisé, ne peuvent subir de fortes augmentations, seul l'impôt sur le revenu des personnes physiques peut être prioritairement sollicité.

C- L'impôt progressif sur le revenu

La proposition d'une progressivité lente mais continue de l'impôt sur le revenu, individualisé, par la suppression de la notion injuste de foyer fiscal, et prélevé à la source, lié à un plafonnement des « niches fiscales » permettra à l'État de trouver les moyens financiers nécessaires à son fonctionnement. Néanmoins l'allocation universelle s'ajoutant à tous les autres revenus, une grande partie de la population (près de 50 %) qui ne payait pas l'IRPP deviendrait mécaniquement, pour une partie d'entre elles, assujettie à cet impôt.

C'est à **l'impôt sur le revenu**, **progressif et personnel**, d'assurer l'essentiel du financement de l'État, dans ses diverses fonctions (régaliennes, culturelles, d'éducation, de recherche)...

Plusieurs propositions sont possibles si elles restent progressives pour garder à cet impôt son rôle irremplaçable d'instrument de lutte contre les inégalités de revenus.

Une consultation démocratique doit s'engager !

À titre d'exemple et dans un débat qui doit rester ouvert, je propose un impôt personnel sur le revenu qui serait calculé comme suit :

Pas de prélèvement, soit un taux de 0 % jusqu'à 12 500 euros de revenu annuel brut ; il n'est pas juste d'alourdir les impôts sur les personnes physiques les moins favorisées, puis 10 % sur la tranche de revenus personnels allant de 12 500 à 25 000 euros ; 20 % de 25 000 à 50 000 euros ; 30 % de 50 000 à 100 000 euros, 40 % de 100 000 à 200 000 euros et enfin une dernière tranche de 50 % sur la partie des revenus personnels et individuels au-delà des 200 000 euros par an. Des taux largement plus élevés ont déjà été acceptés dans le passé, sans que la croissance en ait souffert. Le choix d'une progressivité plus douce et plus étendue peut être éventuellement envisagé, avec par exemple une progressivité de 8 % en 8 % à chaque fois que le revenu double, pourquoi ne pas alors aller jusqu'à une tranche supérieure de 64 % pour les revenus les plus élevés, ceux au-delà d'un million et demi de revenu personnel ? Laisser à nos grands sportifs, aux vedettes du show-biz, PDG du CAC 40 et quelques autres de quoi vivre dans l'abondance, pourquoi pas si la société l'accepte. Ces taux proposés restent largement inférieurs à ceux appliqués aux États-Unis jusqu'aux années Reagan !

Il est à noter que l'allocation universelle, donnant à chacun un revenu supplémentaire imposable, décalerait vers le haut le rendement de l'impôt sur le revenu.

Cela doit rester un choix citoyen !

La suppression de toutes les « niches fiscales », de 50 à 100 milliards d'euros selon le mode de calcul des dépenses fiscales pour le budget de la nation pour l'année 2020, serait encore un moyen de combler le « trou » laissé par la perte de la TVA pour le budget de l'État ; bien sûr, il serait encore possible d'envisager des diminutions forfaitaires d'impôt, plafonnées à quelques centaines d'euros par personne, s'il s'avérait que leur intérêt pour l'économie en général était documenté et indiscutable, et à la condition impérative que leur impact budgétaire reste limité.

Avec les données de 2020, le budget de l'État, après la suppression des aides aux entreprises au prétexte de la défense de l'emploi, les aides spécifiques et conditionnelles perdant leurs justifications grâce à l'allocation universelle, les niches fiscales plafonnées... ce budget serait alors supérieur que ce qu'il a été avec la TVA actuelle.

Ajoutons au budget de l'État les dividendes que devraient lui rapporter les autoroutes, aéroports, loteries, participations dans les industries de l'énergie et de la santé et les nombreuses participations rentables dont il s'est défait au cours des dernières 40 années et qui pourraient rapidement retourner à une propriété collective.

La possibilité de création monétaire par la BCE, aujourd'hui au profit quasi exclusif des banques et des gros emprunteurs institutionnels ou privés, aiderait l'État, les régions et les communes à planifier des investissements pour une transition écologique nécessaire. En gardant un contrôle sur une inflation utile et mesurée, ce moyen de financement pourrait compléter les ressources d'un État investisseur à long terme. Ces facilités financières laisseraient aux collectivités locales comme à la puissance publique plus que ce dont ils disposent actuellement.

État et collectivités locales doivent garder les moyens d'une politique ambitieuse au service de la population.

Conclusion

Une réforme transformatrice

Le travail est remis à sa place en ce qu'il devient de ce fait non pas un travail libéré utopique mais un travail mieux choisi, n'étant plus le seul moyen de recevoir de l'argent pour pouvoir vivre. Le statut de la fonction publique pose aujourd'hui les prémisses en ce qu'il donne comme garantie au salarié une autonomie relative de la personne sur son activité et le maintien permanent de son salaire. Les entreprises en concurrence sur un marché ne peuvent fonctionner qu'en proposant un contrat de travail négocié par les représentants des salariés dans le cadre d'une convention collective, une négociation entre parties dans un rapport de forces rééquilibré et garanti par l'État.

L'équité sociale doit l'emporter !

Dans une société d'économie mixte, dans une république sociale dans laquelle la puissance publique conserve un contrôle sur de larges secteurs de l'activité, rentables ou non, qui ne peuvent sans dommages être laissés au seul jeu du marché, comme par exemple les autoroutes, les transports urbains... à côté d'une économie privée capitaliste quand existe un marché réellement concurrentiel... Et d'autre part un secteur d'économie sociale et solidaire qui reste à développer.

Donner aussi aux régions et aux communes la possibilité de gérer au plus près des intérêts des usagers, une économie locale quand le bien de tous l'exige.

Oui, une Allocation universelle est une avancée, « une réforme basculante[19] » vers l'un des objectifs du Conseil national de la résistance, une société libre et juste.

Sans prôner la fin du travail[20] dans son acception la plus large, l'Allocation universelle est un moyen de rompre avec la centralité de l'emploi contraint.

L'équité sociale est l'affaire de tous !

C'est une urgence démocratique !

---

[19] Voir « Les Jours heureux », https://les-jours-heureux.fr/

[20] M.-A. Dujarier, *Troubles dans le travail : sociologie d'une catégorie de pensée*, PUF, septembre 2021.

PARTIE 2 :

Quelques éléments de réponses aux arguments contre **l'instauration d'une allocation universelle**

Il convient d'essayer de comprendre les craintes de certains, peu nombreux, mais puissants, de perdre les avantages économiques qu'ils retirent du statu quo actuel dans notre société... et les réticences de tous ceux qui ont soit un peu, soit beaucoup à y gagner mais qui restent malgré tout dubitatifs face à l'intérêt économique manifeste d'un revenu supplémentaire pour chacun.

Il est difficile d'apporter des réponses claires aux questionnements répandus, surtout en direction des classes moyennes. Certaines objections à un revenu de base paraissent simplement de bon sens, tant nous sommes imprégnés par une culture privilégiant une résignation multiséculaire. C'est avec l'objectif de convaincre de l'intérêt de la sécurité d'un revenu d'existence pour tous, qu'il faut répondre aux frilosités légitimes de la société pour faire entrer le revenu universel dans la réalité sociale de demain.

1 -
Si nous avons tous un revenu suffisant, plus personne ne travaillera ?

Il s'agit ici d'un travail effectué pour gagner de l'argent, à l'exclusion de tout ce que peut recouvrir la notion de travail si bien analysée par Marie-Anne Dujarier dans son ouvrage, *Trouble dans le travail, sociologie d'une catégorie de pensée*. L'argument, « plus personne ne travaillera », souvent avancé est toujours contredit dans les faits. Des milliers de personnes n'auraient pas besoin de travailler pour vivre correctement, rentiers, propriétaires de biens de rapport, actionnaires... Et pourtant elles travaillent, le plus souvent pour augmenter leurs revenus. Nous n'avons pas tous la même idée de ce que l'on estime nécessaire pour soi.

Il existe chez certains une insatisfaction permanente liée à l'envie de posséder toujours plus. Une société dans laquelle se côtoient des personnes aux niveaux de vie très différents et une publicité omniprésente pousse à la consommation. Ce besoin d'accumulation reste un carburant, l'un des moteurs de la croissance, qui n'est pas près de disparaître... au risque par ailleurs réel d'une détérioration de notre environnement.

D'autre part, dans nos sociétés post-industrielles s'exerce une pression sociale forte disqualifiant la « paresse » : ne pas vouloir « travailler pour gagner sa vie » reste par conséquent toujours mal perçu et l'idée que de l'argent soit reçu par des personnes sans que celui-ci résulte d'un travail est une idée inconvenante pour de nombreux citoyens. Et pourtant l'on trouve tout à fait naturel qu'il y ait un « retour sur investissement » pour le capital. Faire « travailler » son argent est même l'un des fondamentaux de la société capitaliste.

Le travail continuera, c'est d'ailleurs si évident que lorsque la question suivante est posée autour de nous : « si vous receviez, vous, personnellement, par exemple entre 500 et 800 euros au début de chaque mois, arrêteriez-vous de travailler ? », la réponse est quasiment unanime : NON ! C'est ensuite seulement que l'on explique qu'il faut se méfier du comportement... des autres.

Un revenu garanti permettant juste de vivre dignement reste insuffisant pour pouvoir donner accès à toutes les envies que chacun est en droit de désirer pour soi, sa famille et ses amis. C'est pourquoi l'allocation universelle, en ne constituant qu'un revenu de base, auquel pour l'immense majorité de la population devront s'ajouter d'autres revenus, sans que jamais ce droit inaliénable ne soit remis en cause ou même diminué. L'allocation universelle ne supprimera pas la volonté et/ou le besoin de travailler pour une grande majorité de la population. Elle modifiera simplement le rapport que chacun de nous avons avec la notion polysémique de travail.

2 -

N'irions-nous pas alors inéluctablement vers une société dans laquelle il n'y aurait qu'une pauvreté générale à partager ?

Pourquoi penser qu'en donnant de l'argent sans condition à tous on appauvrirait l'ensemble de la société ? Aujourd'hui, dans des pays riches comme les nôtres subsiste une pauvreté matérielle concernant près d'une personne sur six. Certes la richesse est une notion essentiellement relative et le niveau de vie des misérables d'aujourd'hui n'a plus rien à voir avec celui du dix-neuvième siècle dans nos pays qui luttaient pour du pain. Vaincre la misère n'est plus une question de calories ! L'exigence de la suppression de la pauvreté, définie de façon plus ou moins consensuelle par les économistes, à 50 ou 60 % du revenu médian n'est pas hors d'atteinte, c'est à la portée d'un pouvoir porteur d'une volonté politique claire. Ce ne sera pas une société dans laquelle nous serions tous pauvres, mais au contraire, une société qui aura banni la pauvreté, l'allocation universelle s'ajoute à tous les autres revenus, tout en laissant à chacun la liberté d'assouvir toutes ses envies. C'est un droit cumulable avec d'autres revenus !

3 -

Une société de petits consommateurs oisifs ?

Il y aurait le risque de la création d'une « poche à pauvreté ». Certains pensent que le revenu de base servirait à donner une bonne conscience sociale en donnant un solde de tout compte à toutes les personnes considérées comme peu ou pas intégrables dans nos sociétés post-industrielles. On laisserait à une partie de la population le loisir de boire sa cannette de bière devant la télévision. C'est aujourd'hui le sort réservé aux personnes exclues de tout, renonçant au nécessaire, se sentant stigmatisées, devant recourir au RSA, aux Restos du cœur et autres allocations spécifiques quand elles parviennent à les obtenir !

L'allocation universelle doit rester un socle de véritable « sécurité sociale » à laquelle s'ajoutent tous les autres revenus. C'est la prévention de la misère, plutôt que les tentatives partielles de « réparation » de celle-ci, comme les minima sociaux tentent tant bien que mal de la réduire aujourd'hui.

Un revenu donné à tous est au contraire un puissant facteur d'intégration. Avec la fin de la peur du lendemain, et sachant que, quoi qu'il arrive la vie matérielle sera assurée, alors faire des projets devient possible, être plus actif, et tout simplement de vivre même modestement. C'est un facteur de richesse supplémentaire permettant de compléter par exemple le revenu de petits agriculteurs, les autorisant à rester sur leur terre, d'artisans pérennisant ainsi leur activité, même « non rentable » selon les normes en vigueur actuellement. C'est la possibilité de créer, sans l'obsession de l'argent !

4 -

Si seuls certains travaillent pour entretenir les autres, est-ce vraiment juste ?

Toutes les richesses produites résultent d'une activité, présente et passée. Un travail antérieur à toute production se retrouve dans le plus petit objet qui nous entoure... Ceux qui œuvrent en entreprise produisent beaucoup plus de valeur que ce qui résulte de leur labeur propre. Le travail organisé crée une plus-value essentiellement due à tout ce qui a été pensé, réalisé avant même le début de chacune de nos existences. C'est un bien commun de l'humanité. Cela appartient à tous, et pas aux seuls propriétaires actuels des moyens de production. C'est une richesse de toute la société qui revient à chacun de ses membres, quel que soit son statut. Chacun doit pouvoir profiter de cette abondance. La justice, c'est de rendre à chaque citoyen sa juste part de ce bien commun !

5 -

Pourquoi donner un revenu sans contrepartie à ceux qui n'en ont pas besoin ?

La question peut se poser bien sûr, tant l'idée peut d'abord sembler choquante. Pourquoi donner quelques centaines d'euros tous les mois à une personne qui dispose d'un gros capital et dont les revenus mensuels lui permettent de dépenser sans compter ?

C'est pourtant fondamental. C'est l'affirmation que nous faisons tous partie d'une même société. C'est pour signifier que nous avons tous droit à une partie de la richesse produite par notre société indépendamment de toute implication individuelle, de tout titre de propriété. Personne aujourd'hui ne penserait supprimer les droits la sécurité sociale ou aux allocations familiales à une personne au seul prétexte que ses revenus seraient suffisants !

C'est l'affirmation claire qu'il n'y a pas deux catégories de citoyens, ceux qui reçoivent des prestations sociales et ceux qui cotisent pour les premiers. Tous, nous avons le droit à l'assurance de vivre en sécurité, à un toit, à la protection de notre santé, à des nourritures intellectuelles... C'est aussi l'espoir que ces droits humains pour tous seront défendus par tous, même par ceux qui n'en ont pas besoin. Droits des pauvres, pauvres droits, c'est ce sur quoi débouche inéluctablement toute mesure dont la logique est celle de l'assistance. Pour tous, les besoins essentiels sont garantis, c'est un droit pour tous, et si c'est pour tous, c'est universel, c'est sans exception !

6 -

C'est par le travail que l'on se réalise ! N'est-ce pas une incitation à l'oisiveté ?

Les différents sens que l'on donne à la notion de travail nous font entrer dans un débat passionnant mais tout à fait hors de propos dans un petit fascicule ; c'est en dehors toute logique que cet argument est avancé lorsque l'on parle de revenu inconditionnel. Le lien fait entre travail et rémunération dans notre société tend à nous faire croire que toute activité qui ne donne pas lieu à une rémunération, salariée ou non, n'est pas un travail. Or beaucoup de travaux sont accomplis sans salaire associé, et par ailleurs un revenu suffisant sans obligation de travail permettra à chacun de mieux valoriser un travail salarié. Le chantage à l'emploi tel qu'il existe aujourd'hui dans une société gangrénée par un fort taux de chômage sera alors beaucoup moins efficace. C'est donc un nouveau rapport de forces qui obligera à mieux rémunérer le travail salarié grâce à la sécurité apportée par un revenu de base, mais aussi la possibilité d'un choix, le loisir de travailler pour soi, en fonction de véritables envies, de ses désirs. C'est tout simplement plus de liberté.

7 -

Mais qui fera tous les travaux sales, pénibles... mais nécessaires ?

C'est bien évidemment une question centrale, en ceci qu'elle pointe la nécessité de rendre justice à toutes ces personnes qui aujourd'hui doivent accepter des conditions de travail scandaleuses pour des salaires de « travailleurs pauvres ».

Ce sont aujourd'hui toujours les personnes les plus socialement vulnérables qui n'ont pas d'autre choix que de les accepter. C'est pour elles une nécessité vitale sans laquelle leur droit de vivre n'est plus assuré, c'est une forme moderne d'esclavage pour celles et ceux qui ne pourraient survivre autrement. Leur pouvoir de négociation pour l'obtention d'un salaire décent est négligeable ou fictif.

L'existence d'un revenu sans condition permettra une négociation rééquilibrée entre un futur salarié et son employeur. La délégation de beaucoup de tâches nécessaires à des entreprises exploitant une main-d'œuvre sans droits ne pourra continuer sous leur forme actuelle. Les conditions de travail et de rémunération de beaucoup de salariés devront être revues à la hausse. On peut alors penser qu'une automatisation de tâches non rentables aujourd'hui le deviendrait si la masse salariale globale pour ces travailleurs devait augmenter de façon significative. Il est aussi probable qu'avec de meilleurs salaires horaires, les temps partiels pour ces tâches les plus dures auront tendance à se développer. C'est, bien sûr, particulièrement vrai pour les personnes exerçant ces types d'emplois. L'existence d'un revenu de base apporterait une liberté nouvelle : ce serait une avancée majeure pour toute une frange de la population maltraitée dans notre société. L'argument quelquefois entendu selon lequel les employeurs n'auront plus besoin de bien payer leurs salariés, ceux-ci ayant déjà de quoi vivre, paraît pour le moins étonnant, et même quelque peu méprisant. Il n'y a aucune raison de remettre en cause l'existence d'un revenu minimum, des conventions collectives, des protections statutaires allant vers un plus juste équilibre dans un rapport de forces entre des intérêts contradictoires.

8 -

Qu'advient-il des personnes qui veulent se distinguer en gagnant plus d'argent que les autres ?

Le plus souvent l'idée que l'on se fait de la richesse se façonne à partir de son environnement immédiat. Les châteaux, les yachts et les jets privés, tout ce qui fait rêver quelques-uns de nos concitoyens, permettant ainsi de gros tirages aux magazines people, doivent-ils disparaître ? Non, évidemment.

Lorsque l'on aborde le concept de revenu de base, l'objection quelquefois faite par certaines personnes et pas toujours parmi les plus privilégiées, consiste à dire que si l'on supprime la pauvreté, l'on supprimera nécessairement et par la même occasion la richesse et le luxe. C'est une idée qu'il faut combattre, non pour des raisons morales mais parce que le luxe aussi fait partie des nécessités pour toute société. Ce n'est pas le luxe qu'il faut combattre, c'est l'injustice. Il faut que pour tous, pour l'ensemble de la population, le sentiment d'un monde plus juste devienne une exigence. Nous en sommes très loin. L'idée quelquefois avancée d'un revenu maximum ne peut être que contre-productive et risque de servir les intérêts de tous ceux qui veulent conserver le statu quo actuel. Nous pouvons citer des propositions comme le salaire à vie de Bernard Friot allant de 1 700 à 6 800 euros mensuels, comme le facteur 12 de Giraud et Renouard ou le « au-delà de 20 SMIC je prends tout » du programme 2017 de Jean-Luc Mélenchon (supprimé dans son programme pour les présidentielles de 2022) ne seraient applicables qu'en renonçant à beaucoup de nos libertés. Que faire, par exemple, des droits d'auteurs lorsque le tirage d'un roman permet de gagner en une même année plusieurs millions d'euros ? Quelques mesures de bons sens peuvent être utiles, pourquoi pas limiter les hauts salaires dans une entreprise à vingt fois le salaire le plus bas à temps plein de la même société, avec tous les droits attachés au statut de salarié ; c'est déjà d'ailleurs à peu près ce qui est déjà en vigueur dans la fonction publique en France, et si l'on devait dépasser exceptionnellement ce seuil, la rétribution se ferait sous forme de primes imposables et ne donnant aucun des droits liés au salaire. Alors les sportifs de haut niveau, chanteurs et acteurs à succès, artistes internationaux, avec quelquefois des carrières courtes vont continuer à venir nous enchanter. L'argent n'est d'ailleurs généralement pas leur première motivation. Il faut simplement que leur participation au bien commun de tous soit juste. C'est alors à l'impôt progressif sur le revenu, et à la contribution sur l'actif net, d'opérer la régulation nécessaire pour que l'avidité, la chance, le travail ou le talent de certains profite à tous. Le mérite doit être récompensé, le hasard heureux pourquoi pas, une grande diversité sociale n'est pas choquante par principe, mais une oligarchie financière héréditaire qui, de génération en génération, gangrène notre démocratie ne doit plus continuer à pouvoir diriger notre monde au XXIe siècle.

9 -

Pourquoi ne pas élargir le domaine du « gratuit » ?

Cette proposition est défendue par de nombreuses personnes qui militent pour un monde plus vivable.

La question fondamentale qui se pose est de savoir si c'est à la société d'organiser la vie de chacun des citoyens. Y aurait-il une bonne et une mauvaise façon de consommer ?

Il est tout à fait concevable que les transports urbains soient « gratuits », en fait payés par la commune, ou largement subventionnés comme à Paris, que l'accès aux musées soit libre (comme à Londres), que des logements soient accessibles grâce à des subventions comme au Québec, que la cantine soit gratuite pour les écoliers et les collégiens comme dans quelques communes en France... bien sûr !

Mais une gratuité généralisée, même pour ce qui peut être considéré comme un bien commun de l'Humanité, risque d'entraîner des dépenses qui potentiellement deviendraient vite insurmontables. L'eau, par exemple, peut permettre de comprendre les risques. La gratuité des premiers mètres cubes pour tous obligerait à installer des compteurs individuels pour mesurer les consommations... quand bien même sa gestion dépendrait de régies municipales, l'eau, si précieuse aujourd'hui, ne peut être totalement gratuite au-dessus d'un seuil à définir sans un grand risque de gâchis.

L'énergie présente un cas similaire, bien qu'il soit possible de concevoir que les premiers kilowatts-heures soient distribués à des tarifs préférentiels inférieurs, mais toujours avec un important risque potentiel de détournement.

Il reste essentiel d'empêcher que la vie de chacun soit régulée par une instance « moralisatrice » d'État.

Il faut veiller scrupuleusement à ce que l'allocation universelle soit toujours un facteur de liberté et d'autonomie supplémentaire pour chacun.

10 -

Si l'on gagne de l'argent sans travailler, le travail disparaîtra ?

Le travail, quelles que soient ses modalités, continuera d'exister. Il fait partie de la condition humaine. S'occuper de soi, de ses enfants, s'instruire constitue des travaux que nous réalisons, même si nous n'en avons pas toujours conscience. Le travail salarié en entreprise, sur un chantier, au sein d'une administration, d'un lycée, d'une université... restera nécessaire pour répondre aux besoins et aux attentes de la société et il n'y a pas de raison pour que même dans un avenir lointain cela change. L'allocation universelle ne donnera qu'un supplément de pouvoir d'achat à tous.

Au sein d'une entreprise, ce sont souvent des conventions négociées entre patronat et syndicats qui déterminent entre autres les conditions de travail, mais ces négociations, quand elles existent, dépendent fortement d'un « marché du travail » trop favorable aujourd'hui aux donneurs d'ordre. Il est donc évident que lorsque l'obligation absolue d'un emploi et d'une paye pour vivre n'est plus impérative, le travailleur salarié devient plus fort, son travail mieux reconnu. Sans la contrainte de la nécessité, le travail, sous toutes ses formes, sera au contraire valorisé.

11 -

Pourquoi ne pas simplement garantir un revenu minimum aux plus pauvres ?

Il est évident qu'au regard de la situation actuelle, l'attribution automatique de l'allocation universelle serait une avancée sociale significative. Ce n'est pas le cas aujourd'hui. L'obligation, avant tout morale, de devoir s'intégrer dans le marché du travail en fait un droit conditionnel qui n'est acquis que pour ceux qui en font expressément la demande. Mais ce droit à un revenu, donné à quelques-uns seulement, crée une ligne de fracture entre « ayants droit » et « non-ayants droit », séparant de fait les « assistés », aussi faible que soit cette assistance, et contributeurs nets. De plus, toute activité salariée nouvelle fait perdre ce droit, en partie ou totalement, à qui accepte un revenu, avec un effet délétère et contre-productif pour la personne concernée.

De nos jours, nombreux sont des « ayants droit » renonçant à ce revenu de solidarité active, par méconnaissance de son mécanisme d'attribution, par refus de « l'épreuve du guichet », et de peur de se déconsidérer soi-même ou d'être perçu par les autres comme un parasite social. Cette garantie pour les plus pauvres est un facteur de division sociale entre salariés actifs et salariés en recherche d'emploi.

Prévenir la pauvreté plutôt que la guérir, telle est la logique de l'allocation universelle.

12 -

Cela entraînera une diminution des salaires, c'est un cadeau au patronat ?

•

C'est effectivement une question sérieuse que l'on est en droit de se poser. Pour qu'une entreprise reste viable, il faut que la masse salariale, les cotisations liées aux salaires, part ouvrière et patronale, les achats divers sans lesquels la production serait impossible, les autres frais divers et de formation des salariés soient inférieurs ou au moins égal au chiffre d'affaires ; l'écart sera la marge de bénéfice qui servira le capital. L'important dans ce domaine est que toutes les entreprises soient soumises aux mêmes règles. Il est donc judicieux que le revenu universel trouve son financement à l'extérieur et indépendamment du monde de l'industrie ou des services. Une bonne part de la consommation de biens et de services dans nos pays provient d'importations en provenance de contrées dans lesquelles les salariés n'ont pas les mêmes protections sociales qu'en Europe occidentale. C'est pourquoi nous proposons l'abondement de la caisse commune du revenu universel par une taxe sur le capital personnel, la taxe sur l'actif net, la TAN (quelle que soit sa forme) de chaque citoyen complété par la CVA, la cotisation sur la valeur ajoutée, applicable à l'ensemble de la consommation, quelle que soit son origine géographique (voir Financement de l'allocation universelle -10).

Les salaires au sein d'une entreprise ou d'une branche professionnelle dépendent largement du rapport de force entre capital et travail au sein de la société. Un revenu de base donne à chaque salarié un pouvoir de négociation bien supérieur à celui du salarié acculé, dos au mur, parce que sans autres ressources pour vivre.

Aujourd'hui, nous ne voyons jamais de salaires revus à la baisse au seul motif qu'un employé aurait d'autres revenus que celui de son travail.

13 -

Est-ce possible à financer ?

Voir partie 1 paragraphes 2A - 2B - 2 C.

14 -

Un impôt négatif sur le revenu ne serait-il pas plus simple à mettre en œuvre ?

Un impôt négatif sur le revenu, remplaçant de nombreuses aides conditionnelles, permettrait effectivement d'instaurer immédiatement un revenu de base géré par l'administration fiscale. Cette proposition développée notamment par l'association pour l'instauration d'un revenu d'existence, s'appuyant sur l'actuel impôt à la source sur les personnes physiques, et individualisé, au taux général de 30 %, organiserait une simplification importante des aides destinées aux personnes à faibles revenus. La proposition d'un revenu pour tous de l'ordre du RSA d'aujourd'hui correspondant à un filet de sécurité bien plus efficace que toutes les prestations conditionnelles actuelles, peu compréhensibles par les allocataires, et entraînant un nombre important de non-recours de personnes susceptibles de recevoir des aides mais ignorant leurs droits. Il faut remarquer que ce type de financement d'un revenu universel organiserait, par une simplification de l'impôt sur le revenu, et une contribution des classes moyennes sans gros écart avec ce qui existe aujourd'hui... mais avec une allocation qui resterait très inférieure à l'actuel seuil de pauvreté, nécessitant très probablement le maintien d'aides conditionnelles, non contributives, notamment en ce qui concerne le logement. Mais cela serait évidemment un grand pas en avant.

15 -

Ne vaut-il pas mieux donner des aides fléchées comme des Tickets restaurant, les APL, des chèques énergie, des chèques de rentrée scolaire, des cartes de transports urbains gratuites, les nouveaux chèques inflation... ?

Ces propositions visant à améliorer les conditions de vie des personnes dont les ressources salariales sont faibles sont souvent formulées et restent bien sûr des mesures sociales intéressantes. L'inconvénient de ce type de prestations qui existent déjà pour beaucoup d'entre elles vient du fait qu'elles ne sont pas généralisables, chacune ayant sa spécificité et toutes étant destinées à un public particulier. C'est ajouter de la complexité à un système déjà morcelé. Mais l'essentiel est d'un autre ordre, c'est une absence de confiance dans le sens des responsabilités de chacun, une atteinte à la liberté de choix de ses dépenses personnelles. La société s'arroge un droit de contrôle sur l'utilisation de sommes d'argent fournies sous forme d'aide sociale, avec de nombreux effets pervers et contre-productifs. Le cas des APL en est un exemple bien documenté : cette aide entraîne, dans les villes dans lesquelles le marché du logement est « tendu », une augmentation du prix des logements, certains propriétaires bailleurs proposant dans le calcul du loyer la prise en compte de cette subvention. Ira-t-on jusqu'à contrôler l'utilisation du chèque de rentrée scolaire comme certains le suggèrent...

Non aux aides fléchées infantilisantes, c'est une fausse bonne idée !

16 -

Ne risque-t-on pas de renvoyer de nombreuses femmes (ou d'hommes) dans leur foyer avec un pseudo « salaire maternel-paternel » d'appoint ?

Cette objection est quelquefois formulée. L'allocation universelle d'existence est un droit à un revenu personnel qui libère chacun de l'obligation de travailler pour simplement survivre, c'est donc un facteur de liberté supplémentaire qui donne à chaque individu au sein d'un couple une autonomie qui n'existe que partiellement aujourd'hui. Les couples, les femmes comme les hommes, pourront organiser leur vie de façon plus autonome si plus d'aisance leur est accordée. Avec les allocations familiales maintenues et augmentées, les crèches gratuites... (voir partie 1 paragraphe 2C - allocation pour les mineurs) élever un ou plusieurs enfants deviendra un choix moins dépendant de sa situation financière du foyer comme c'est souvent le cas aujourd'hui. Combien de femmes... ou d'hommes restent en couple parce que l'un ou l'autre ne saurait subvenir seul à son existence ?

Avec un revenu inconditionnel, le choix d'un travail à temps partiel devient plus facile, la vie pour les femmes comme pour les hommes gagne en autonomie, en liberté.

17 -

Quel montant est le plus pertinent pour une allocation universelle ? Juste pour vivre ? Jusqu'au seuil de pauvreté, au-delà... ?

Indépendamment des possibilités de financement d'une allocation universelle par la société, il est difficile de définir quelle doit être la somme d'argent dont chacun doit disposer pour garantir au minimum, une vie digne et... sobre. Garantir une allocation proche du seuil de pauvreté semble juste si l'on veut éradiquer la misère dans une société riche. Ce seuil de pauvreté, défini comme une valeur relative à 50 % ou 60 % du revenu médian (50 % de la population gagne plus, 50 % de la population gagne moins), serait évidemment différent si un revenu de base existait. Ne serait-il pas plus judicieux de définir arbitrairement un seuil de revenu de base à partir du revenu moyen individuel plutôt que médian ? Alors le montant de l'allocation de base serait calculé, démocratiquement débattu tous les ans dans des conseils de gestion de la caisse commune de l'allocation universelle, sans avoir à tenir compte de la dispersion des revenus au sein de la société.

Un revenu de base à 25 % du salaire moyen, très largement au-dessus du RSA actuel, mais jamais dissuasif de la recherche de revenus complémentaires, serait une proposition raisonnable. Il s'agit bien sûr d'un compromis discutable, entre trop et trop peu, c'est à la société d'en débattre.

18 -

En donnant de l'argent à tous, les prix ne vont-ils pas augmenter ? Ne risque-t-on pas de voir s'accélérer le retour actuel de l'inflation ?

Le mandat donné à la Banque centrale européenne est de maintenir une inflation autour de 2 %, correspondant plus ou moins à l'enrichissement naturel et annuel de nos sociétés, lié à une augmentation régulière de la productivité en Europe. Ces toutes dernières années, des milliards d'euros ont été créés de toute pièce sans aucun effet délétère sur l'inflation. Les taux d'intérêt historiquement bas n'ont pas entraîné d'augmentation des prix à la consommation, mais ont en revanche permis à tous ceux qui avaient des possibilités d'emprunter, d'augmenter de façon considérable leurs actifs, et ce principalement par l'acquisition de propriétés immobilières dont les prix ont explosé dans toutes les grandes villes du monde.

La récente poussée inflationniste ronge aujourd'hui le pouvoir d'achat de la population, sans être compensée par une augmentation significative des revenus salariaux. L'allocation universelle réévaluée tous les ans peut et doit pouvoir servir de « stabilisateur-modérateur » économique et de protection du pouvoir d'achat des personnes.

Nous ne proposons pas ici « d'arroser » la population avec de l'« argent hélicoptère » créé ex nihilo par la BCE, mais de réserver cette possibilité au seul profit d'investissements planifiés à long terme pour protéger la planète.

Distribuer sous forme d'allocation de l'argent déjà en circulation n'entraîne pas de risque d'inflation. La nouvelle CVA (ex-TVA) rendue aux consommateurs et la future CAN (ex-ISF) qui créera de justice sociale iront plutôt dans le sens d'une stabilité et même peut-être jusqu'à une baisse de certains prix spéculatifs. Sera ainsi favorisée la mise sur le marché non seulement de biens immobiliers mais aussi d'autres d'actifs financiers, qui sont aujourd'hui concentrés dans les mains d'une infime minorité de citoyens.

19 -

L'allocation universelle n'est-elle pas une roue de secours pour le capitalisme ?

Cette remarque, quelquefois formulée par une certaine gauche, semble au premier abord paradoxale. Comment le fait de donner à chacun de quoi vivre pourrait-il être un moyen de secourir le système capitaliste ? Cette crainte vient d'une dérive que l'on constate dans nos sociétés. Dans un monde globalisé, l'économie des pays les plus avancés perd en compétitivité. Les entreprises, pour maintenir leur rentabilité, font de plus en plus pression sur les salaires pour maintenir leurs profits, et/ou même les augmenter. C'est donc l'État qui supplée, par des aides ciblées sur les charges sociales des bas salaires, des déductions de charges sociales et fiscales présentées au public sous différents prétextes, notamment pour lutter contre le chômage, en favorisant l'innovation avec les « crédits recherche », l'adaptation des salariés aux besoins des entreprises par des « crédits formations »... charges que le privé devrait assumer seul dans un capitalisme normal et ne plus profiter d'effets d'aubaines réitérés. L'idée de certains ultralibéraux de libérer les entreprises d'une partie du salaire dû, grâce aux aides de l'État, afin de diminuer les « charges » est déjà largement mise en œuvre actuellement sans effet notable sur le chômage et l'innovation.

La baisse tendancielle du rendement du capital entraînera dans l'avenir une pression de plus en plus forte dans cette direction. Notre proposition d'allocation universelle, financée par l'impôt sur la consommation et l'impôt sur le capital, nous protège de ce risque. Il s'agit d'opérer un tournant visant à stopper les flux d'argent public vers les entreprises privées. Libéralisme et capitalisme ne sont pas synonymes. La liberté d'entreprendre et la libre concurrence ne doivent plus donner au capital le droit à un pouvoir hégémonique sur toute la société, encore moins celui de l'organiser à son profit exclusif.

20 -

Pourquoi ne pas taxer les transactions financières ? Les multinationales ?

C'est une idée largement répandue et tout à fait séduisante souvent proposée par de nombreux partisans d'un revenu sans condition. Mais sa mise en œuvre implique d'avoir une grande confiance envers les responsables de sa mise en application, contre leurs propres intérêts de surcroît. Pour que ces transactions fonctionnent, alors qu'elles s'effectuent par des intermédiaires chargés d'en prélever au passage un pourcentage dans le but de financer un bien commun, il faudrait que l'intérêt de ce transfert d'argent rapporte suffisamment pour qu'il soit rentable. Trois hypothèses sont alors possibles. Soit la transaction perd son intérêt financier, et elle n'a pas lieu, soit elle se fait par des voies court-circuitant les réseaux bancaires respectant cette nouvelle réglementation et donc ne rapporte rien, soit la taxe est très faible, la transaction et sa taxation auraient bien lieu mais son efficacité pour abonder une caisse resterait alors tout à fait dérisoire.

Au niveau de chaque État, la taxation des multinationales sur leurs bénéfices ou leur chiffre d'affaires est enfin à l'ordre du jour, mais, comme pour les taxes sur les transactions financières, cette possibilité bien que plus facile à mettre en œuvre ne rapporterait jamais assez pour financer une allocation universelle significative. Cela constituerait seulement un supplément de recettes pour les États qui aujourd'hui subissent une concurrence fiscale déloyale de la part de pays à « gouvernements pirates ». Nous ne pouvons que souhaiter au plus vite la fin de cette situation.

Enfin, ces taxes ne pourraient voir le jour qu'après la promulgation d'accords internationaux qui semblent, bien que faisant l'objet de discussions aujourd'hui, encore bien loin d'aboutir.

21 -

Pourquoi ne pas laisser l'État gérer l'allocation universelle comme la fiscalité ?

Plusieurs fervents défenseurs du revenu universel inconditionnel défendent cette proposition. Cela semble *a priori* en effet tout à fait cohérent. L'État est en charge du recueil de l'impôt, il est donc tout à fait apte à continuer cette mission, d'autant plus que dans le cas de l'ISF comme de la TVA, l'administration fiscale a une compétence que personne ne saurait nier. Mais les recettes de l'État ne sont pas fléchées vers telle ou telle dépense. Il existe donc un risque systémique. Selon ses orientations, un gouvernement choisira de considérer d'autres besoins comme plus urgents à satisfaire. La vignette automobile pour les vieux, la journée de l'ascension pour financer la dépendance, etc., n'ont en effet pas servi à financer leurs objectifs initiaux. De nombreux exemples dans l'histoire récente laissent à penser qu'il en serait de même si quelques centaines de milliards d'euros restaient à disposition d'un gouvernement aussi contrôlé soit-il par un parlement rigoureux et intègre.

Notre proposition de faire de la caisse commune de l'allocation universelle une entité indépendante du trésor public, gérée de façon démocratique comme la sécurité sociale à ses débuts, serait une garantie que ce bien commun ne soit pas détourné vers d'autres objectifs. L'allocation universelle d'existence, versée à tous dès l'âge de 18 ans, imaginée comme un bien commun de l'Humanité, indépendamment de tout autre revenu, financée par l'ISF (la CAN) et la TVA (la CVA) après le transfert de l'administration de la fiscalité directe sur le capital et indirecte de la TVA vers les URSSAF reconfigurées, doit garantir les moyens de son indépendance pour assurer la pérennité de ce droit à une vie digne pour tous.

22 -

N'y a-t-il pas un risque de contrôle social par un chantage à sa suppression pour conduite marginale ?

C'est la raison pour laquelle nous proposons une caisse indépendante de l'État. Il s'agit de financer un droit humain, universel, le droit d'avoir les moyens de vivre parce que l'on existe. L'État n'a pas à exercer un regard sur la vie des citoyens. Le droit à un revenu doit être considéré comme le droit à une atmosphère non polluée, à une eau potable, à la possibilité de se déplacer, de voyager. Tout comportement antisocial, dangereux pour les autres peut donner lieu à des punitions de toutes sortes mais ne peut en aucun cas supprimer à une personne les moyens de son existence.

Nous existons sur terre, nul ne doit avoir le droit de nous supprimer les moyens de cette existence. C'est un droit commun pour toute l'humanité !

23 -

Avec plus d'argent pour consommer, n'y aura-t-il pas un impact négatif sur le climat ?

Donner une partie de notre richesse commune, d'un bien commun à chacun, à savoir une allocation universelle, indépendamment du travail qui a servi à la constituer n'augmente ni ne diminue en rien le flux et le stock de capital. C'est la répartition de celui-ci qui est modifiée aux deux extrémités de la courbe des revenus et des capitaux. Il est bien probable qu'une partie de la population qui aujourd'hui se prive du nécessaire faute de moyens augmentera sa consommation, mais inversement l'infime minorité dont le capital sera plus taxé, diminuera sa consommation. Rappelons que l'empreinte carbone des 1 % les plus riches est 66 fois plus élevée que celle des 10 % les plus pauvres. Le financement de l'allocation universelle par l'ex-ISF, la CAN et l'ex-TVA, la CVA, permettra une régulation démocratique, comme des « vases communicants » en faisant varier les taux de prélèvements, toujours possibles, en choisissant les plus à même de protéger le climat et de défendre une société du « buen vivir » pour tous.

24 -

L'allocation universelle est-elle compatible avec le salaire pour tous ?

Si elle devait s'appliquer dans la société telle qu'elle existe aujourd'hui, la solution communiste d'un salaire pour tous défendue par Bernard Friot, dépendant d'un degré de qualification et allant de 1 à 4, associée à la création d'une caisse des investissements, semblerait plus séduisante en théorie qu'en pratique. Il ne s'agit pas simplement d'élargir les prélèvements sur la plus-value tirée du travail vers les salaires directs et différés, mais d'en prélever une partie vers l'investissement productif géré par un ou des conseils représentant les intérêts du « peuple ». Comment éviter alors que ces conseils ne constituent pas à la longue une bureaucratie apte à confisquer ce pouvoir d'investissement ? De plus, une plus-value peut résulter d'autres sources que du travail. Posséder d'autres biens privés que les moyens de production peut être aussi source de profits.

Le statut de la fonction publique, même avec ses imperfections, peut donner à voir un début d'application de ce que serait ce salaire à vie. Enfin, la proposition d'allocation universelle d'existence, financée par l'ex-TVA, la CVA et l'ex-ISF, la CAN, serait éventuellement compatible avec la proposition de salaire à vie, si les bénéficiaires de ce salaire, représentatifs bien sûr d'une partie seulement de la société, payaient comme tous les autres citoyens la Contribution sur la valeur ajoutée, la Contribution sur l'actif net, la Contribution sociale généralisée et bien sûr l'Impôt sur le revenu. Cela finirait par s'approcher de ce que certains appellent « l'État employeur en dernier recours ».

Table des matières

Structures éditoriales du groupe L'Harmattan

L'Harmattan Italie
Via degli Artisti, 15
10124 Torino
harmattan.italia@gmail.com

L'Harmattan Hongrie
Kossuth l. u. 14-16.
1053 Budapest
harmattan@harmattan.hu

L'Harmattan Sénégal
10 VDN en face Mermoz
BP 45034 Dakar-Fann
senharmattan@gmail.com

L'Harmattan Cameroun
TSINGA/FECAFOOT
BP 11486 Yaoundé
inkoukam@gmail.com

L'Harmattan Burkina Faso
Achille Somé – tengnule@hotmail.fr

L'Harmattan Guinée
Almamya, rue KA 028 OKB Agency
BP 3470 Conakry
harmattanguinee@yahoo.fr

L'Harmattan RDC
185, avenue Nyangwe
Commune de Lingwala – Kinshasa
matangilamusadila@yahoo.fr

L'Harmattan Congo
219, avenue Nelson Mandela
BP 2874 Brazzaville
harmattan.congo@yahoo.fr

L'Harmattan Mali
ACI 2000 - Immeuble Mgr Jean Marie Cisse
Bureau 10
BP 145 Bamako-Mali
mali@harmattan.fr

L'Harmattan Togo
Djidjole – Lomé
Maison Amela
face EPP BATOME
ddamela@aol.com

L'Harmattan Côte d'Ivoire
Résidence Karl – Cité des Arts
Abidjan-Cocody
03 BP 1588 Abidjan
espace_harmattan.ci@hotmail.fr

Nos librairies en France

Librairie internationale
16, rue des Écoles
75005 Paris
librairie.internationale@harmattan.fr
01 40 46 79 11
www.librairieharmattan.com

Librairie des savoirs
21, rue des Écoles
75005 Paris
librairie.sh@harmattan.fr
01 46 34 13 71
www.librairieharmattansh.com

Librairie Le Lucernaire
53, rue Notre-Dame-des-Champs
75006 Paris
librairie@lucernaire.fr
01 42 22 67 13

www.ingramcontent.com/pod-product-compliance
Lightning Source LLC
LaVergne TN
LVHW051629071026
849535LV00009BA/3512

* 9 7 8 2 1 4 0 3 1 2 4 4 1 *